열혈 세종대왕 1권 이전의 이야기

1398년 이방원은 제1차 왕자의 난을 일으켰다.

조선이 세워진 후, 이방원은 개국공신으로 인정받지 못했고, 어린 동생 이방석이 세자로 정해지면서 권력에서 멀어졌다.
높은 지위를 얻은 정도전이 왕자들의 군대를 없애려 하고, 이방원의 어머니가 낳은 형제들을 해칠 계획을 세운다는 소문이 돌았다. 이를 알게 된 이방원은 정도전 세력을 죽였고 이방석과 이방번도 처형했다.

이 일로 이방원은 권력을 잡았고 이후 제2차 왕자의 난을 일으켜 왕위에 오르게 된다.

① 이도, 한양에 가다

글 박지연 · 박한 그림 이지운 감수 이익주

감수의 글

안녕하세요, 역사학자 이익주입니다.

세종대왕은 우리 역사에서 가장 훌륭한 임금이었습니다. **누구보다도 백성을 사랑했고, 백성을 위한 정치를 하려고 노력했어요.** 그 결과 백성들이 쉽게 배워 쓸 수 있는 한글을 만들었고, 그 덕분에 지금까지도 우리 한국인은 세계에서 가장 우수한 문자를 사용할 수 있게 되었습니다.

그런데 **세종대왕의 업적은 특별한 점이 있어요. 신하에게 시키기만 한 것이 아니라 자신이 직접 그 일을 했다는 겁니다.** 한글을 만들 때 집현전 학자들의 도움을 받기는 했지만, 세종대왕이 가장 중요한 역할을 했어요. 과학 기술과 음악에 대해서도 깊은 지식을 가지고 있었지요. 세종이 어렸을 때, 독서를 무척 좋아해서 부모님이 밤에 책을 읽지 못하도록 할 정도였다고 해요. 그런데 어린 세종은 여느 어린이들과 다르지 않았을 거예요. 자기가 하고 싶은 일을 하겠다고 고집하고, 부모님과 주위 사람들의 칭찬을 받고 싶어했을 겁니다.

이 책은 세종대왕의 어린 시절부터 자세하게 이야기합니다. 평범한 왕자가 어떻게 위대한 임금으로 성장해 갔는지, 스물두 살에 임금이 되어서 32년 동안 어떤 업적을 남겼는지, 그런 업적을 남기기 위해 얼마나 노력했는지를 알 수 있을 거예요. 이 책을 읽고 세종대왕에 대해서 잘 알게 될 뿐 아니라 **세종대왕을 가진 우리 역사가 자랑스럽다는 생각도 함께 하기를 바랍니다.**

서울시립대학교
국사학과 교수 이익주

이 책의 특징

1. 역사에 재미 더하기!

어린 세종대왕이 점차 성장해가는 모습을 역사에 근거한 가상의 에피소드를 통해 재미있게 그렸어요. 책읽기를 좋아하는 어린 왕자가 조금씩 발전해나가는 성장 과정을 함께해봐요.

2. 역사에 지식 더하기!

역사 속 인물과 사건들을 흥미롭게 소개했어요. 이익주 교수님의 질문 코너는 역사를 더 깊이 있게 이해할 수 있도록 도와줘요.

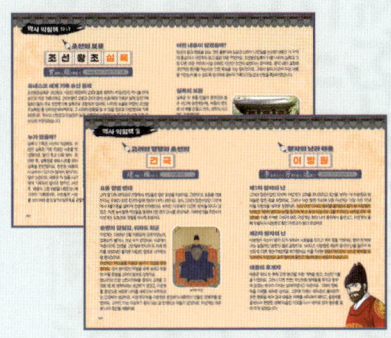

3. 인물의 역사 한눈에 보기!

마지막에는 세종대왕의 인물 연대기가 있어요. 만화 속의 이야기가 해당하는 시대를 찾아보고, 그 시대에 일어났던 역사적 사건을 살펴보아요.

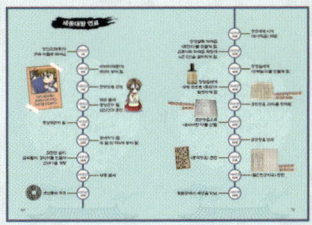

차례

머리 이야기	… 6
하나 소년, 왕자가 되다!	… 22
둘 이제와 이도	… 50
셋 인선이의 첫사랑	… 74
넷 궁으로 가다!	… 110
다섯 독서광 왕자	… 128
역사 익힘책	… 144
진실 또는 거짓	… 148
세종대왕 연표	… 150

전하,
혹시 혼자 여행을 가시려고요?
오~ 충무공, 뉴스 봤나? 미국땅에 내 동상이 세워졌다길래 친히 구경을 가려 하네.

슈웅
어디까지나 조선 백성을 사랑하기 때문에 가는 거야~.
대왕 저으으으은하~ 제가 모시겠나이다!

역시 세종대왕
마마이십니다용~.
허
허
다 우리 후손들
덕이 아니겠나?
K컨텐츠로 세계에
한글을 널리 알렸으니
말이야.
짧게 한 마디
하자면,
우리 말이 중국 말과 달라,
말과 글자가 달랐으니,
이를 안타깝게 여겨 한글
창제를 하게 되었는데….
이 대단한 일을 한 이유는….
으쓱
백성을
사랑해서!

*승하 임금이나 존귀한 사람이 세상을 떠남을 높여 이르던 말.

1452년
제 6대
단종 즉위
끄응….
아무래도
우리 손주가 걱정
되어서….
저기요,
이제는 가셔야만
해요.
수양대군 이 녀석!
어린 조카의 왕위를
뺏다니!
1455년
제 7대
세조 즉위
한글 사용을 금하고
한글 책을 불태우라!
뭐?
한글을 건드려?
나 이대로는 못 가!
버럭
1494년
제 10대 즉위
(연산군)
몇 년 후
한글 사용을
부분적으로 허용하라,
한글을 아는 사람을
관리로 임명하라!
에휴

남자든 여자든 나이가 많건 적건 배울 수 있는 쉬운 글자를 통해 다른 세상을 볼 수 있게 된다면…,

나라의 소식들도 직접 읽어 알 수 있고…,

어린아이도 일기를 쓸 수 있지.

자신의 생각과 말을 글로 써서 남기는 건 아주 중요한 일이네.

아실지 모르겠지만, 저도 일기를 아주 좋아합니다.

자네 일기도 내가 다 읽어 봤지.

글을 읽을 수 있는 농부는 책에서 농사에 대한 지식을 얻어 더 많은 수확을 얻을 수 있지.

정말 대단한 생각이십니다. 한글은 세계에서 유일하게 창조자가 있는 문자이지 않습니까? 그것도 왕이 문자를 만들다니.

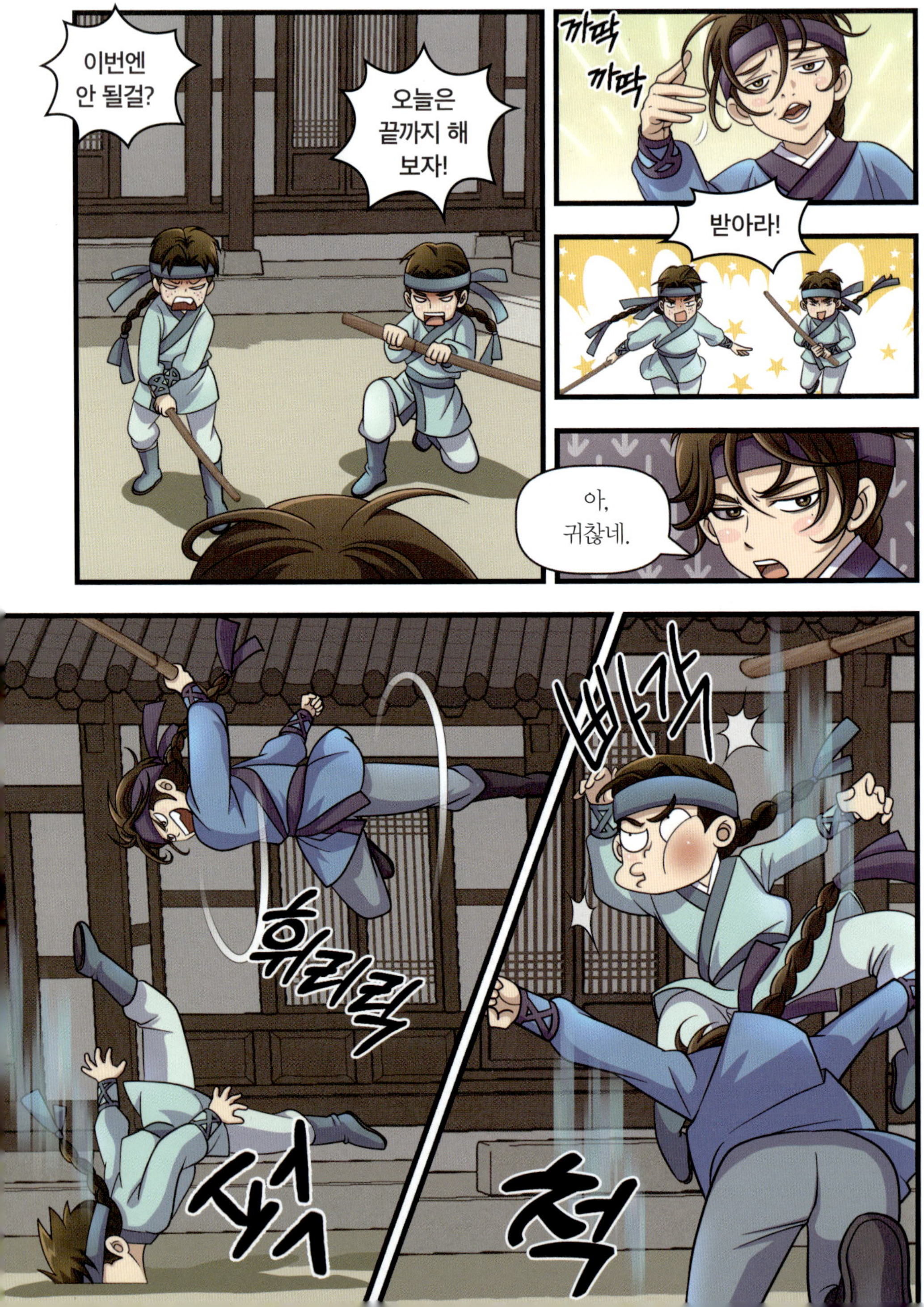
이번엔
안 될걸?
오늘은
끝까지 해
보자!
까딱
까딱
받아라!
아,
귀찮네.
휘리릭
빠각
샥
척

이도는 제가 서고로 데려가겠습니다.
그럼 검술 훈련 끝나면 꼭 저랑 같이 놀아요.
다음날
세자 저하는 또 밖에 나가신 거예요?
지금 아니면 언제 또 자유롭게 지내시겠어? 궁에 들어가면 공부, 공부, 공부일 텐데….
까딱 까딱
후유
나랑 놀기로 한건 잊어버리셨나 봐요.
그런데 여긴 정말 책이 많네요.

*각 옛 시간 단위로, 1각은 15분을 가르킴.

흐음

아직 어린 아이다 보니, 맘고생을 했구나.

형님 말씀을 들으니 제가 잘못한 것 같아요.

빨리 가서 사과할래요!

콰앙!

차악

벌써 기운 차렸어!

세자 저하!

행동으로 옮기는 것도 빠르구나.

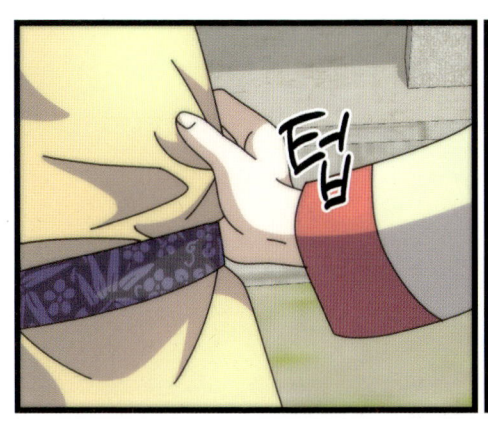

너한테 그렇게 소중한 책이라면

벌떡

내 꿀단지 만큼이나 소중한 거겠지?

꾸욱

내가 구해 줄게!

에잇!

첨벙

큰형님!
아니,
세자 저하!

휙

왜 불러?

같이 책 읽어요.
책 읽는 즐거움을 형님도
느껴 보세요.

안 돼!
책 읽기 작전은
버려!

둘이 손을 잡고 있어!
드디어 사랑이
시작되나 봐!
도저히 더는
못하겠어!
어어어!
미끌
앗!
미안.
실수야,
실수!
으악!
사람 살려!
이도 살려!
쿠당탕

***비기** 자기만이 가지고 있는 비밀스러운 재주.

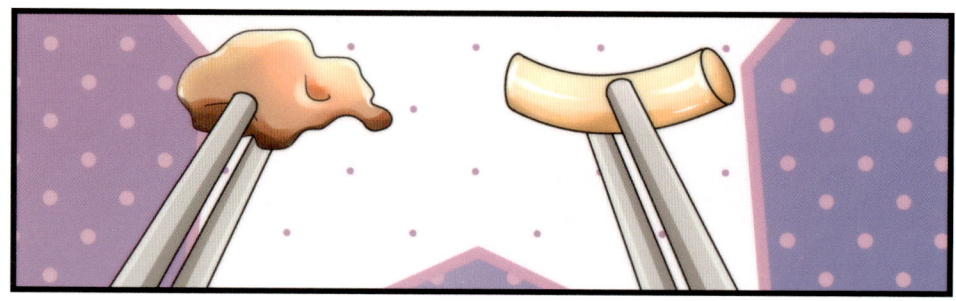

아바마마!
에고,
우리 공주들!
아비는 우리
딸들이 너무 보고
싶었쪄요.
저희도요!
아,
저도 있어요.
전하께 문안
인사 드리옵니다.
꾸벅
어련히 알아서
부를 것을….
뭐가 급해서
이리 들어 오셨소?
더 기다리다가는
호호 할머니가
될까 봐서….
왕자, 공주들과
함께 왔습니다.

보문각

여기가 왕궁의 서적들을 보관하는 보문각입니다!

*강녕 : 몸이 건강하고 마음이 편안함.

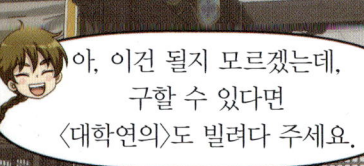

역사 익힘책 하나

조선의 보물
조선왕조실록

實 열매 실 錄 기록할 록 — 사실을 있는 그대로 적은 기록

유네스코 세계 기록 유산 등재

조선왕조실록은 조선왕조 시조인 태조부터 25대 철종 때까지 472년간의 역사를 연대순으로 적은 기록이에요. 26대 왕인 고종과 27대 왕인 순종 때의 기록은 일제 강점기에 일본인들이 주로 편찬했기에 실록으로 포함하지 않아요. 나라의 보물로 지정된 조선왕조실록은 총 1,893권 888책으로 그 시대의 상황을 알 수 있을 정도로 다방면으로 기록되었지요. 역사의 신빙성과 진실성이 높은 기록으로 인정받아서 유네스코 세계 기록 유산으로 지정되었답니다.

누가 썼을까?

실록의 기록은 사관이 작성해요. 사관은 실록의 기초 자료인 사초를 작성했어요. 왕이 죽고 다음 왕이 즉위한 후, 실록청을 세워 사초를 모아 실록을 편찬했지요. 한번은 태종이 사냥하러 나갔다가 말에서 떨어지는 일이 있었어요. 태종은 이 일을 사관에게 기록하지 말라고 했지만, 사관은 태종이 그런 어명을 내렸다는 얘기까지 기록했어요. 사관들은 사초를 쓰기 위해 왕의 일거수일투족을 관찰했어요.

▲조선왕조실록

어떤 내용이 담겼을까?

임금의 말과 행동을 담는 것은 물론이며 임금과 신하가 나랏일을 논의한 내용과 각 지역의 풍습이나 사정까지 보고 들은 대로 적었어요. 조선왕조실록이 다른 나라의 실록과 가장 다른 점은 역사적 사실 외에도 사관의 의견이 실렸다는 점이에요. 왕이 내린 결정에 개인적인 평가를 적는다는 것은 목숨을 거는 일이었어요. 그래서 왕이 사관이 무슨 내용을 적었는지 볼 수 없도록 엄격하게 금하여 기록의 진실성과 신빙을 확보하였답니다.

실록의 보관

실록은 두 부를 만들어 춘추관과 충주 사고에 보관했는데, 세종의 명으로 네 부를 만들고 전주, 성주의 사고에도 보관했어요.
그런데 임진왜란 때 전주 사고 것만 남고 나머지는 모두 불타버렸지요. 전쟁이 끝난 뒤 전주 사고의 실록을 인쇄해 다섯 부를 만들어 춘추관과 네 곳의 사고에 분산해서 보관했어요. 그 뒤로도 우리의 문화유산을 보존하기 위한 노력을 통해 조선왕 실록은 현재 2,124책을 소장하고 있어요.

▲전주사고 정면

그렇다면 조선은 왜 실록을 남겼을까요?
현재의 우리가 역사를 배우는 이유와 같지 않을까요?
여러분도 생각해 보세요!

역사 익힘책 둘

고려의 멸망과 조선의 건국

建 세울 건 國 나라 국 — 나라를 세움

요동 정벌 반대

고려 말기에 외적과의 전쟁에서 백성들은 많은 희생을 치렀어요. 그런데 또 요동을 정벌한다는 우왕과 최영 장군의 말에 원성이 터져 나왔지요. 당시 고려의 장군이었던 이성계 역시 4불가론을 말하여 전쟁에 반대했어요. 하지만 이성계의 의견은 받아들여지지 않았고, 바쁜 농사철에 백성들을 동원해 5만 명의 군사를 모았어요. 1388년 5월 조민수와 이성계는 요동으로 정벌을 떠나게 되었어요.

운명의 갈림길, 위화도 회군

이성계는 1388년 5월 위화도에 도착하였는데, 압록강이 불어나 건널 수가 없었어요. 이성계는 지금이라도 전쟁을 그만둬야 한다며 두 차례 편지를 보냈지만 돌아온 대답은 앞으로 나가라는 말 뿐이었어요.
이성계는 부하들을 이끌고 돌아가 개경을 점령했어요. 당시 왕이었던 우왕을 유배 보내고 우왕의 아들 창왕을 고려의 왕으로 앉혔지요.
명나라와 친한 신진사대부들 중에서 고려를 그대로 둔 채 개혁하려는 온건파가 생겼고, 이성계를 중심으로 새로운 나라를 세워 다시 시작하려는 강경파가 생겼어요. 이성계의 아들 이방원은 온건파의 대표적인 인물인 정몽주를 없앴어요. 그러자, 더는 이성계가 왕이 되는 걸 반대하는 이들이 없었지요. 이성계는 새로운 나라 조선을 세웠어요.

▲태조 어진

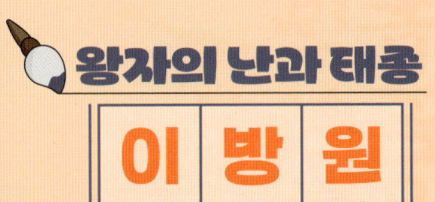

왕자의 난과 태종
이 방 원

李 오얏 리(이) 芳 꽃다울 방 遠 멀 원   1400년 조선 제 3대왕 즉위

제1차 왕자의 난

고려의 장군이었던 아버지 이성계가 고려를 무너뜨리고 조선을 세우는 데 이방원과 형제들은 많은 힘을 보탰어요. 그러나 막상 왕의 자리에 오른 이성계는 가장 어린 막내 아들 이방석을 세자로 정했어요. 나이 어린 막내가 왕위를 물려받게 될까 봐 이방원은 1398년 '제1차 왕자의 난'을 일으켜 막내 동생 이방석과 그를 지지하던 세력을 모두 죽였어요. 이를 지켜본 아버지 태조 이성계는 화가 나서 왕위에서 물러났고, 이성계의 둘째 아들이자 이방원의 형인 이방과가 왕이 되었어요.

제2차 왕자의 난

이방원은 자신이 왕이 되기 위하여 사람들을 모으고 계속 힘을 키웠어요. 왕이 된 이방과는 실질적인 권한이 별로 없었지요. 1400년, 이방원은 제2차 왕자의 난을 일으켜 자신의 또 다른 형인 이방간을 제거했어요. 이를 지켜본 정종(이방과)이 스스로 왕위를 포기하면서 이방원은 결국 왕위에 올랐고 제3대 왕인 태종이 되었답니다.

태종의 후계자

태종은 왕이 된 후에 강한 왕권을 위한 개혁을 했고, 조선의 기틀을 다졌어요. 그러나 다른 한편, 자신처럼 형제들을 죽이고 왕위에 오르는 비극이 다시는 없어야겠다고 여겼어요. 그래서 첫째 아들 이제를 세자로 삼지요. 그런데 이제는 세자로서 올바르지 못한 행동을 하여 결국 태종은 이제를 세자에서 폐하고, 글공부를 좋아하며 현명한 셋째 아들인 이도를 다시 세자로 삼아 왕위를 물려 주게 되었답니다.

만화 속 역사
진실 또는 거짓

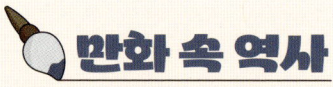

충녕대군 이도와 훗날 그의 비가 되는 심인선은 아주 어렸을 때부터 서로 왕래하며 친하게 지냈다.

→ 심온의 가문은 조선 건국에 공을 세워 왕실과 혼례를 올릴 정도로 가까웠어요. 그런데 심인선과 이도가 어린 시절부터 친하게 지내 었는지는 기록되어 있지 않아요. 만화의 재미를 더하기 위한 내용이랍니다.

조선시대에도 설탕이 있었다.

→ 설탕은 고려시대부터 우리나라에 수입되기 시작한 것으로 알려져 있어요. 조선시대에 왕족들도 구하기 어려웠으며, 당시에는 몸이 허약해졌을 때 원기를 북돋기 위한 귀한 약으로 쓰였어요.

미국 로스앤젤레스에서도 10월 9일을 한글날로 기념한다.

→ 미국 로스앤젤레스 시의회는 2023년, 한글날을 공식선포 했어요. 한글의 아름다움을 알리고 친숙하게 하려는 행사도 열렸답니다.

세종대왕 연표

- **1397년 1세** — 정안군(태종)의 셋째 아들로 태어남.
- **1401년 5세** — 아버지(태종)가 제3대 왕이 됨.
- **1405년 9세** — 한양으로 천도
- **1408년 12세** — 태조 별세. 충녕군이 됨. 심인선과 혼인
- **1413년 17세** — 충녕대군이 됨.
- **1418년 23세** — 왕세자가 됨. 두 달 뒤 제4대 왕이 됨.
- **1420년 24세** — 집현전 설치. 금속활자 경자자를 만들어 인쇄기술 개량
- **1422년 25세** — 태종 별세
- **1423년 27세** — 조선통보 주조

1권은 세종대왕의 9세에서 11세 사이의 이야기를 담았습니다.

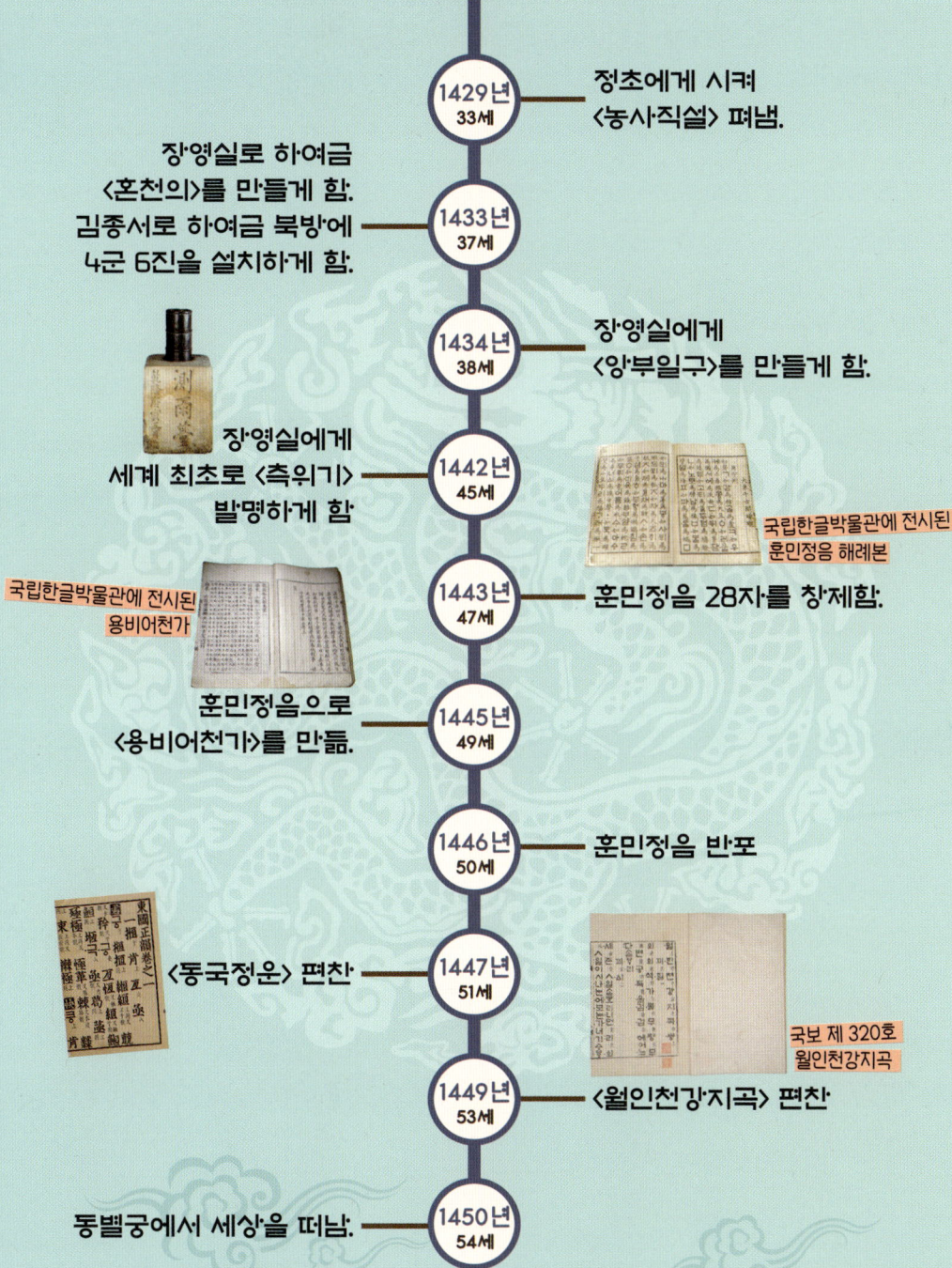

***사진 출처**
144쪽 조선왕조실록 오대산사고본 ⓒ 국립고궁박물관
145쪽 전주사고 정면 ⓒ한국학중앙연구원
146쪽 조선태조어진 ⓒ국가유산청
150쪽 조선통보 ⓒ한국학중앙연구원

*저작권자를 찾지 못한 일부 사진은 확인되는 대로 허락을 받겠습니다.

① 이도, 한양에 가다

글 박지연 · 박한 **그림** 이지운 **감수** 이익주

1판 1쇄 발행 | 2025년 3월 19일
1판 3쇄 발행 | 2025년 10월 1일

펴낸이 | 김영곤
TF팀장 | 김종민
기획편집 | 이희성 **마케팅** | 김지선 정성은
북디자인 | designS **외주편집** | 주인공
영업팀 | 정지은 한충희 장철용 강경남 황성진 김도연 이민재
제작 관리 | 이영민 권경민

펴낸곳 | (주)북이십일 아울북
등록번호 | 제406-2003-061호 **등록일자** | 2000년 5월 6일
주소 | 경기도 파주시 회동길 201(문발동) (우 10881)
전화 | 031-955-2155(기획개발), 031-955-2100(마케팅·영업·독자문의)
팩시밀리 | 031-955-2421
브랜드 사업 문의 | license21@book21.co.kr

ISBN 979-11-7357-129-9
ISBN 979-11-7357-128-2 (세트)

Copyright©2025 by Book21 아울북. All rights reserved.
First edition printed 2025. Printed in Korea.
이 책을 무단 복사·복제·전재하는 것은 저작권법에 저촉됩니다.

• 잘못 만들어진 책은 **구입하신 서점**에서 교환해 드립니다.

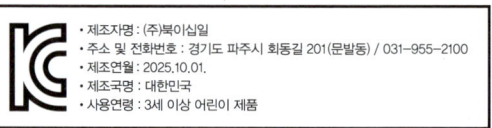

우주로 냐왕

② 우주 동물 선발 대회

우주 최강 고양이, 냐왕의 유쾌하고 짜릿한 지구 탈출기와 특별한 우주 특강!

우주먼지 지웅배 박사 감수

우주 탐험을 꿈꾸는 어린이 필독서!

이야기 속에서 자라나는
과학적 사고력과 탄탄한 기초 지식

초등 전 학년 | 다영 글 | 웰시코기사이클링클럽 그림 | 지웅배 감수